共生社会の
アサーション入門

差別を生まないための
コミュニケーション技術

小林学美 =著

石川貴幸 =絵

明石書店

まえがき

　「そんなつもりはなかった」けれどそれが差別行為であったかもしれないといった経験や不安は多くの人が持っているのではないでしょうか。少数派と言われる人たちが排除や差別の対象となりやすいとされています。

　少数派に関しては数の多い少ないだけでなく、社会参加の機会が少なく一般的な日常生活の中で見えにくい人たちがそれにあたると言えるでしょう。一般的に少数派というと、障害者、性的マイノリティー、外国にルーツを持つ人々などが思い浮かびます。

　障害者の割合は、世界保健機関（WHO）は人口の約15%（7人に1人程度）にあたると提示しています。2019年の電通ダイバーシティ・ラボの調査によれば、日本におけるLGBT層の割合は8.9%（11人に1人程度）で、左利きの人の数に相当すると言っています。外国にルーツを持つ人に関しては把握の仕方が難しいかもしれませんが、近年の日本は人口減少及び超高齢社会を迎え、外国人労働力を必要としています。その中で法改正を行い外国人の受け入れを広げてきています。経済協力開発機構（OECD）によると、3ヶ月以上滞在する予定で日本に来た外国人は2018年には50万人を超え、世界で第4位の移民大国となりました。移民として日本に暮らし生活を送る彼らは、新たに家庭を持ったり、子どもが生まれたりもします。このような背景の人々も外国にルーツを持つ人々と言います。

　これに加えて、日本においては政治の世界や官僚社会における女性参加も未だマイノリティーです。国連がまとめた「世界の幸福度ランキング」（2019年）で日本が59位と下位をキープしている理由として、この女性の権利の不寛容が注目されました。「男女差別」という言葉を聞く機会は少なくなったにせよ、男性優位の社会構造はまだ色濃く残ってい

るのが現実です。

　「差別」というキーワードを議論する場は敬遠されがちで、差別をしてはいけないということはわかってはいても、何が差別にあたるのか、どうしたら差別はなくなるのかなど具体的な解消に関する対話を行う場面は限りなく少ないのではないでしょうか。特に、「そんなつもりはない」という人はたくさんいると思いますし、筆者自身も知らず知らずのうちに誰かを傷つけているのかもしれない、思い込みが偏見の場合もあるかもしれない、と不安になることもあります。

　「差別」があえて議題に上がるときは、すでに誰かが大きな心理的苦痛を体験し、その状況が改善されないなどで、メディアに取り上げられたり、なんらかの訴えの場に上りこじれるような状況に陥った場合です。よく耳にする「警察は人が死ななければ動かないのか」といった市民の怒りや不満の状況と似ています。

　日本においては2016年に障害者差別解消法が施行されました。この法律の大きなポイントは2つです。1つ目は「『障害』を理由として差別をしてはならない」、2つ目は「合理的配慮を求められた場合、過重な負担でない限りそれを拒んではならない」といった内容です。

　この法律の施行にあたり、筆者にも多くの研修機会がありました。その中で「罰則規定がないのだから、守らなければならない法律という意識も薄い」と言う参加者の声を聞いたことがあります。しかし、罰則規定があれば差別はなくなるのでしょうか。仮に「罰則規定があるから守りますよ」という社会になったのだとすれば、なんと悲しいことだろうと思います。それを飲酒運転に例えるならば、現在は罰金や免許取り消しといった基準が厳しくなりました。飲酒運転に関する法律の罰則が厳しくなった背景には、それにより他人の命が奪われるなどの重大事件が

数多く起きているという事情があります。しかし残念なことに、罰則を厳しくしても飲酒運転がなくなったわけではありません。「このくらいなら大丈夫だろう」や、「バレなければ大丈夫」「捕まらない道を通って行こう」などという逃げ道を正当化する人たちが存在している結果、事故で命が奪われるケースが未だ絶ちません。この例をとってみると、差別解消に関する法律に罰則規定をつくったとしても、まさに同じ結果を生むことが大いに予想されます。また、罰則規定をつくり厳しくしたことで差別がなくなったとしても、先述した通り差別をする人々の認識が変わったとは言い難いのではないでしょうか。

　筆者は2015年より障害平等研修（DET）のファシリテーターの技法を身につけ、これまでに約200回を超える研修を実施し、3,000名近くの研修参加者と出会い、筆者自身も彼らから多くの気づきが与えられました。DETは、1990年代のイギリスで差別禁止の法整備と当事者活動が連動し発展してきた障害教育です。その研修の中で、差別や平等、障害や障壁の捉え方は千差万別であり、その認識や価値観の違いは「対話」をもってのみ気づき、また知り得るものであることを実感しました。そして違う立場の人々とともに解消を目指せる行動は、対話の中での気づきをヒントに生み出されるものであると希望を見出すことができました。これが、筆者が現在でも様々なテーマにおける研修（共生社会、教育インクルーシブ、防災インクルーシブなど）を継続して実施し続けている理由でもあります。

　2016年に障害者差別解消法が施行された際、「具体的な対応マニュアルについての研修をしてほしい」と言う声を多く聞くこととなりました。しかし、研修を行い多くの人の声を聞き、認識や価値観の違いを知れば知るほど、「完璧なマニュアルなど存在しない」と言う回答をすること

が多くなりました。なぜならば、人間は十人十色、千差万別で、ひとりひとりが感じる社会の中にある障壁や求める配慮は一括りにできるものではないからです。

　アメリカの社会福祉学者バイスティックが提唱する7つの原則の中にも、第一に「個別化の原則」があります。援助において似たような状況であっても、人間はひとりひとり違うため、ひとりひとりのニーズを丁寧に聴き受けていく必要があるわけです。しかし、そこで援助する側の個人の自由や尊重と言う言葉を持ち出し、差別的な行為をすることは容認できません。あくまでも主体は支援を必要とする本人です。

　私たちは社会という共同体の中で共に幸福や自由を求めながら生きています。日本国憲法第13条に幸福の追求権がありますが、「公共の福祉に反しない限り」と書かれています。力の強いものだけがその権利を行使することができ、力の弱いものは諦めや泣き寝入りをするような社会では真の共生社会とは言えず、成熟した社会とも言えないでしょう。

　また、悪気のない差別や、優しさの度合いが強い人ほど行ってしまう「無意識の差別」というものが、この世の中には多く存在しています。親切心から「良かろう」と思って、ついその親切を押し付けてしまった経験はありませんか。筆者も時々、ハッとして自身の言動を振り返って内省することがあります。しかし、この気づきこそが大事なのではないでしょうか。気づいたその先に、自分自身の言動を変えていく行動変容が大切なのです。

　私たちは「差別」という言葉を口にすることを敬遠するのではなく、よりオープンな場面で対話する機会を積極的につくり、気づきをたくさん得ることが必要なのではないでしょうか。

　ここからは、体験インタビューをご紹介します。

小林　これまでに何か差別的で嫌な経験をしたことはあります
か？

　　Naoさん　今思えば、あれは差別だったのかなと思うことがあ
ります。

　　小林　いつ頃、どんなことがありましたか？

　　Naoさん　子どもの頃です。よく「空気が読めない」とか「お
かしな子」みたいなレッテルを貼られて避けられることがありまし
た。

　　小林　それは誰からですか？

　　Naoさん　学校の先生からです。いつも余り物扱いで余ってい
る友達同士で集まっていたから、友達同士だとそういうことはあり
ませんでした。

　　小林　「余り物」っていう言葉はキツいですね。誰の言葉です
か？

　　Naoさん　グループをつくるときに、結局仲間に入れず、余っ
ている子たちで集まるから「余り物」みたいな扱いになるんですよ。

　　今思えば、発達障害のいわゆるボーダーだから、大人になってか
ら「あれって差別だったのかなあ」と思うようになりました。

　　先生によって、みんなと同じようにできないとか、みんなと仲良
くしなさいとか……。だからどんな先生かによって学校に行くか行
かないか決めていました。もちろん理解のある先生はいたけれど、
そうじゃない先生だと学校に行く気になれませんでした。

先生によって違う扱いをされるって「差別」かなと思いましたね。
　友達同士でそういうことがあったとすれば、直接言われるわけじゃなく、ヒソヒソ何かを言われていたり、特別支援の子たちと仲間でよく遊んでいたんですが、「よくあの子たちと仲良くできるね」とか言われて、当時は意味がわかりませんでした。
　あまり気にしていなかったんですが、あれって特別支援の子っていうだけで「差別」されたのかなと、大人になってから思うようになりました。

小林　これまでに何か差別的で嫌な経験をしたことがありますか？

Youさん　列に並んだりするときに、精神障害って、当事者として見られないことが辛いです。

小林　見た目では何に困っているかわかりにくいから、ということですか？

Youさん　ヘルプマークをつけていても、見た目では障害があることがわからないから、「優先レーンじゃなく、一般の列に並んでください」と言われたり、長く待たされたりすることがあります。それも身体障害者にですよ。

小林　なるほど。障害者でも、自分以外のことはよくわかってない、ということですか？

Youさん　車椅子に乗っていれば障害が重いのか？　と言ったら、人によって違いますよね。見た目でどこに障害があるのかわからないだけで、実際には重い障害の場合もあります。

小林　そうですね。目に見えているものだけじゃないですよね。そのときどんな気持ちになりましたか？

Youさん　それが理解されないって、ただただ「悲しい」と思いました。そういう目に見えてはわかりにくくても、障害や病気を抱えている人は周りに普通にたくさんいるかもしれないのに、見た目だけで判断されることは悲しいです。

なんの障害か、違いがあっても、嫌な思いや悲しい思いは同じよ

うに経験のある障害者同士なのに……。

　いちいち説明しないとならないってことになると、1人で出かけることが苦しくなって、出かけたくなくなって、引きこもりになったこともありました。

小林　これまでに何か差別的で嫌な経験をしたことがありますか？

　オーシンさん　病気で入院したとき、だんだん体力が落ちて、自分の力では車椅子からベッドにあがれなくなりました。

　そのときの担当の看護師さんは3人みんな年配の方だったんですが、「男なんだからしっかりしなさい」と言われたことがとてもショックでした。

　今思うと、当時は「男はこうあるべき」とか「女はこうあるべき」とか、平気でそういうことを口にできる時代だったのかもしれません。

　小林　今はこういう時代ではなくなった、と思いますか？

　オーシンさん　いえ。男尊女卑って言葉がありますが、まだ古いしきたりを引きずっている社会では、女性の自由や力が認められなかったり、差別されたりすることはあると思いますが、固定観念から男性も差別されていることがあるってことも知ってほしいです。

　小林　たしかにそれは言えますね。「男なんだから我慢しろ」とか、よく聞くことがありますね。

　オーシンさん　1年後、結果的には難病とわかり、缶コーヒーも持てないくらい力の入らない病状だったのに、「男なんだから」とか関係ないじゃないですか。

　それに「怠け」で歩けなくなる人なんていませんよね。

　親から「怠けているから歩けなくなるんだ」と言われたときは、ものすごい精神的ショックを受けました。あとから聞いたら、親は

医師から言われた言葉をそのまま僕に伝えたらしいのですが、ショックを受けすぎてやる気がなくなってしまいました。そして現実逃避して、「消えてなくなりたい」「もう死んでしまいたい」と思うようになりました。

　小林　キツい思いをしましたね。立ち直るきっかけは何かありましたか？

　オーシンさん　幸いにも、リハビリの作業療法士と担当看護師が、とても寄り添って話を聞いてくれる人だったので、時間はかかりましたがだんだん立ち直ることができました。あの人たちがいなかったら、ずっとふさぎこんだままの人生だったと思います。

　看護師のことをよく「白衣の天使」とか言いますが、僕には「黒い悪魔」にしか思えませんでした。それから人をすごく警戒するようになりました。

　何かにつけてほかの人と比べて話す人や、相手の話も聞かずにあーしろこーしろと言う人は今でも信用できないし、仲良くなれません。しっかり自分の話を聞いてくれる人だなぁと思えたときに、この人ならちゃんと付き合えるなぁと思えるようになって、それから人を信じられるようになりました。

男なんだから
しっかりしなさいよ

男は根性よ!!

小林　これまでに差別的で嫌な経験をしたことはありますか？

苺一円さん　私は車椅子ユーザですが、先回りしてできることも奪ってしまう人は苦手です。

小林　相手が先回りしてしまうのですね？

苺一円さん　はい。親切心からでしょうが、強引に手伝ってくれようとする人や、障害者＝困っている人と決めつけて、勝手に車椅子を押してくれちゃう人がたまにいます。

小林　お願いもしていないのに、押してくれちゃうんですね？

苺一円さん　そうです。こちらの意見も聞かずにです。

小林　それは怖いですね。そんなとき、どんな気持ちになりますか？

苺一円さん　すごくモヤモヤします。モヤモヤすることは結構あって、時々、モノ扱いされている、と感じることがあります。実際にモノ扱いしなくても、そういう扱いをしているような言葉を使うのは差別だと思います。そんなとき、モヤモヤします。

でもそういう人は差別はしていない、したことがない、と親切を勝手に押し付けて、自己満足しているんだと思います。

小林　モノ扱いは私も経験ありますが、嫌ですね。

苺一円さん　すごく嫌です。

ほかには、空港や駅などで、必要のないことまで聞かれたり、異様に長く待たされることはすごく時間の無駄だと感じます。待たされる理由が何か、よくわかりませんが、一般の人たちはこういうこ

とで自分たちにも影響があると、「障害者がいると面倒くさい」とか、「障害者は迷惑」と思ってしまうと思うんですよ。

　だけど、待たせているのは私じゃなくて、手続きが長引いているか、ほかの理由で待たせている空港や駅の職員ですよね。差別される理由をつくっているのも、そちらの人たちですよ。何を優先しているのかな？　優先順位を理解してるのかな？　と疑問に思うことがよくあります。

　小林　その気持ち、すごくわかります。

　苺一円さん　車椅子ユーザーだから時間の無駄があるとすれば、それは時間の不平等だと思います。

　小林　時間の不平等、なるほど。みんな同じに流れている時間なのに、平等に時間を使えないわけですよね。わかりやすい、不平等の例えですね。

　苺一円さん　障害者は手間のかかる存在だから待たせてもいいと思っているのかな……。そう思い込んでいるとすれば、差別と区別のはき違いをしている人だと思うし、それこそが差別だと思います。

　私もまだ何が差別かわからないことはあります。だからいろいろな人の話や経験を聞いて、勉強していきたいと思ってます。一生、勉強だと思います。

じ…自分でできますっ！

僕が押してあげますネ〜！

小林　これまでに差別的で嫌な経験をしたことはありますか？

　Kazukiさん　僕は言語障害があります。きついなぁと思う出来事は、ヘルパーと出かけたときに、僕自身に話しかけてもらえないことです。

　小林　お店の人などですか？

　Kazukiさん　はい。初めて行く場所などで、私が話しかけているのに、必ず隣にいるヘルパーに店員さんは答えて、ヘルパーに話しかけ続けることです。

　以前、ヘルパーが「話しているのは当事者本人ですから、本人に聞いてください」と伝えたことがありました。

　小林　ヘルパーからそう伝えると、相手の方はちゃんと話しかけてくれましたか？

　Kazukiさん　いいえ。そのとき相手は、「どうせ当事者本人に話しかけたところで、意味がわからないでしょ？」と言いました。僕はとてもショックでした。今でも忘れません。そういうことを減らすためにも、子どもの頃から、障害のある人もない人も関わりあって、お互い学びあっていく社会のほうが僕はいいと思います。

　それと、街で子ども扱いされて嫌な思いをしたこともあります。

　小林　それはどんな場面ですか？

　Kazukiさん　僕は車椅子で署名活動に参加していました。そのとき、年配のおばさんが近づいてきて「いい子だね」と言って僕の頭をぽんぽんして撫でたことがありました。

僕はそのとき29歳でした。他人に髪を触られることはとても嫌いだし、すごく嫌な気分になりました。

　小林　そのときどんな反応をしたんですか？

　Kazukiさん　僕はびっくりして固まってしまったんですが、それを見ていた障害者の友人が「こう見えてもちゃんとした大人だよ！」とそのおばさんに注意してくれました。

　小林　そのとき、その方はどんな反応をしましたか？

　Kazukiさん　「あ、ごめんなさい」と言って気まずそうにその場を去っていきました。

　僕も、また次にこんなことがあったら、自分で「子どもじゃないですよ。僕はれっきとした大人です」と言おうと強く思いました。

このような出来事があらゆるところで起こっているのです。ご存じでしたか？　筆者も聞けば聞くほどに驚きを隠せません。つまり、まだまだ知らないことが誰にでもたくさんあるのでしょう。

　障害のあるなしにかかわらず、私たちは日々、人間力を試されながら生きているような気がします。人間関係の基本であるコミュニケーションについて、私たちは時々、自分自身を振り返り、内省してみる必要があります。

　びっくり体験インタビューを読んで、「自分も似たような経験がある」と思ったものはありませんか。もちろん、被害者側の経験であるかもしれませんし、もしかしたら、加害者側の経験でもあるかもしれません。筆者を含め、社会に生きている私たち誰もが、無意識のうちに他者を傷つけているのかもしれません。

　神経質になりすぎる必要はありませんが、基本的なコミュニケーション技術は身につけておく必要があります。

　ここからは、コミュニケーションに必要な基本姿勢をひとつずつみていきましょう。

1 / 挨拶の力
心の窓

　「おはようございます」「お疲れ様です」日常生活の中でほとんどの人が使っている言葉です。家庭においては「行ってきます」「いってらっしゃい」、そして「ただいま」「おかえり」こんなやりとりが行われていますね。何気ないけれど、こんなやりとりが頻繁に飛び交う職場や家庭は、コミュニケーションがとても良好な場、つまり良い人間関係がある場だと想像できます。

　少し気分が落ち込んでいたり、ちょっと気まずい雰囲気のときでも、思い切って少し大きな声で、そしていつもよりも少し高いトーンで「おはようございます」と声にしてみると、その言葉を発した自分自身も気持ちの良い1日を過ごせるのではないでしょうか。こんな挨拶をすると、ほとんどの場合相手からも同じような反応が返ってくると思います。お互いにこんなやりとりからスタートした1日は、おそらくコミュニケーションがスムーズにいく気持ちの良い1日になるのではないでしょうか。想像してみてください。1日の始まりに職場に出勤してきて、うつむいたまま挨拶もなく席についた同僚がいたとすると、なんとなく気になったり、気まずい雰囲気のまま1日が始まることになり、コミュニケーションを頻繁にとることのできる関係にはなれないでしょう。ささいなことに思えるかもしれませんが、これが人と人とのやりとりのきっかけ

となり、人間関係のその後の構築に大きな影響を及ぼしていると考えられます。

「ありがとう」そして「ごめんなさい」または「すみません」も欠かせないコミュニケーションです。失敗をしてしまったときや、うまくことが進まなかったときに、言い訳よりも先にこの言葉を使うことが多いでしょう。相手を不快にさせてしまわないよう謝罪やお礼、ねぎらいの言葉を先に伝え、うまくいかなかった理由をその次に正直に伝えるという順番だとスムーズにことが運びます。特に日本社会では、「すみません」という言葉は英語のI'm sorry.とは別に、Excuse me.の意味合いを持つ場合もあり、コミュニケーションを良好にするための気遣いの一つとしての声かけのような言葉です。

また挨拶をしても返事が返ってこない人や、一方通行で表面的なやりとりしかできない相手もいます。声をかけた側は距離を感じて、そのような相手には積極的な声かけをしようという雰囲気にはなりにくいでしょう。このように、挨拶は人間が社会をつくり上げていく中でもっとも基本的なことであり、時に人間性の判断基準にもなります。そして挨拶は、人間が関係構築を行う上でもっとも大切な「社会の要請」と言っても過言ではないかもしれません。

相手の存在を認め、そして相手をねぎらう思いを込めた言葉でもある「お疲れ様です」「何かお手伝いしましょうか」などの言葉がたくさん飛び交う職場や家庭は、安心して頼み事ができたり、安心して帰ることのできる場所である、つまり信頼関係を構築することができている場と言い換えることができます。そのような場は、きっと風通しも良く、居心地も良い場所なのではないでしょうか。

「声かけ」のある職場

「声かけ」の少ない職場

2 / パーソナルスペース
人は適切な距離を必要とする

　人間関係には、物理的にも精神的にも適切な距離が必要です。パーソナルスペースとして4つのカテゴリーがあるとされています。

　親密ゾーン、対人ゾーン、社会的ゾーン、公的ゾーンの4つに分けられます。

【親密ゾーン】

　家族や恋人同士など、肩がふれあったり、手をつないだりするなど接触距離が近い関係の相手が立ち入ることを好意的に認めるテリトリーです。

【対人ゾーン】

　友人または相談事がうまく行われるテリトリーです。なお、並ぶ位置や向き合う角度などによっても多少変わってきます。

【社会的ゾーン】

　職場における上司との距離や学校の講義などでの先生との距離、ショップに行ったときの店員さんとの距離などです。

【公的ゾーン】

街中でまったく見知らぬ人が近くにいても不快に思わない程度の距離のことを指します。例えば、満員電車や満員バスの中で、見ず知らずの人とぎゅうぎゅうと肩を押し合うような状況は、不快な気持ちになるでしょう。これは公的な場面において、自分が安心できるスペースが侵害されているからです。

　このような物理的な距離のほかにも、精神的な影響を考え、「少し距離をおこう」という言葉を使うことがありませんか。喧嘩をして気まずいことがあったときなどに、直接顔を合わせることを少しの間やめておこうなどと考えるときのことです。
　物理的な距離は無意識に反応するものであるのに対し、精神的な距離は、無意識の場合と意識的にその距離をおく場合があります。いずれにしても、そのように距離をおくことによって人間関係を改善しようとしている行為とも言えるでしょう。
　筆者は大学時代の心理学実験で、見ず知らずの人が目も合わすことなく、ポケットに何か隠し持ったような様子で近づいてくるパターンと、もう一方は離れた場所からも笑顔で目を合わせ、名前を呼び挨拶をしながら近づいてくるパターンで、どの距離まで近づけるかという100人の検証を行いました。前者の方は5メートルから3メートルの距離で「ストップ！」をかける人が半数を超え、後者の方は1.5メートルから50センチくらいまでの接近を許し、平均で約1.3メールという結果が出ました。日ごろの人間関係、特に対人援助の職業に就く人は、パーソナルスペースを意識する必要があります。
　例えば、看護師や介護士は接触することが多い職業ですが、家族や友人関係とは違います。にもかかわらず肌と肌が接触する距離に近づかざ

るを得えません。このような場合、相手が安心して自分のテリトリーに
その人が入ることを認めるとするならば、なるべく不快でないことが必
須条件となるでしょう。その条件を満たすには、自分が何者であるか、
その行動の目的はなんなのかをしっかり伝え、気持ちの良い声かけで近
づくまたは接触することで、相手は少し安心感を持ちテリトリーの侵害
を許してくれるでしょう。初対面の人と親しくなっていく道のりも、こ
れに似た経過を辿っているのではないでしょうか。このように、対人関
係における基本となる「声かけ」はとても重要な意味を持つものであり、
より良い人間関係をつくるためのテクニックのひとつとなります。

4つの距離感　パーソナルスペース

人と関わる際の適切な距離感

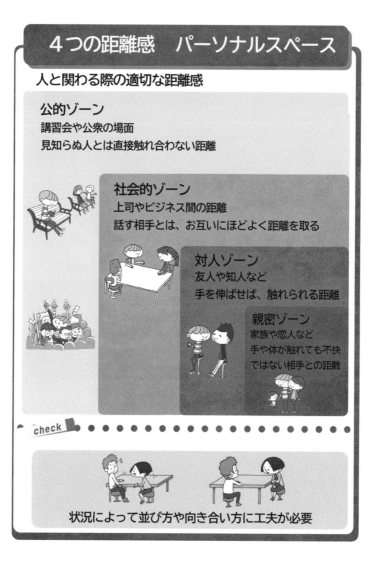

公的ゾーン
講習会や公衆の場面
見知らぬ人とは直接触れ合わない距離

社会的ゾーン
上司やビジネス間の距離
話す相手とは、お互いにほどよく距離を取る

対人ゾーン
友人や知人など
手を伸ばせば、触れられる距離

親密ゾーン
家族や恋人など
手や体が触れても不快
ではない相手との距離

check

状況によって並び方や向き合い方に工夫が必要

3 / 自己覚知
自分の価値観や行動を知る

　自己覚知とは、自分自身がどういう価値観をもち、どんな行動をする傾向があるかなど、自他の観点から自分自身を知ることを指します。ここではアメリカの心理学者ジョハリの窓の理論を取り上げて説明していきます。

　ジョハリは4つの窓に分けて説明しています。

　「オープン」な窓は、私自身も知っており、他人も知っている私です。窓を開けて、私の情報がしっかり見えていることをイメージしてみてください。

　これに対して「盲点」の窓は、他人は気づいているが私自身は気づいていないという点です。例えば、私はこのことについて自信がないと思っている、しかし周りの人たちから見たら「それがとても上手」とか「とても似合っていて素敵」などと思われているようなことがあります。または、私はまったく悪気がなくてその行為をいつもしている、あるいは周りに不快な思いはさせていないと思っていて癖でそうしてしまっているかもしれないが、周りの人たちがその私の言動によって傷つくことがあったり、「もっとこうしてみたらうまくいくのに」などと思っているような場合です。前者の場合でも後者の場合でも、良好な人間関係であればそのことを、相手は上手に教えてくれるでしょう。良好な関係で

なかった場合には、そのことにより距離をおくこともあります。人間力を高めるには、この「盲点」の私にあたる部分について教えてくれる誰かが周りにいて、良好な関係性の中で助言や指摘を受けることができれば、良い部分であれば自信に変えていこうと思えたり、相手にとって良くない部分であれば改善していこうと意識できるようになったりするものです。「盲点」の私が「オープン」な私に変わって増えていくことが人間力の成長につながると考えて良いでしょう。より良い人間関係づくり、また、より良い関係の中ではお互いにこのやりとりで成長がみえてきます。

　次に「秘密」の窓は、私は知っているけれどそれを誰かに知らせず、秘密にしていることを指します。秘密は誰でも持っているものです。ここは無理矢理開けてはならない窓です。本人が話したくなったときに、話したい相手に対し心を開き、伝えることができればそれがもっとも理想的なタイミングと言えるでしょう。無理に詮索したりすると、人間関係がこじれてしまうことがありますので気をつけましょう。

　最後は「未知」の窓です。私自身も知らないし、他人も知らない私のことを指します。それは誰も気づいていない可能性を指すこともあれば、いざと言うときのリスクを指す場合もあります。ここはいつ出現するかもわかりません。最低限努力しておけることがあるとすれば、いざ○○なとき、私はどういう行動に出るだろうかと想像してみたり、心の準備をしておけば、リスクは最小限に抑えられるかもしれません。そして可能性という点では、誰にも今は予測できないけれど、どんなことも成長できる可能性があるということを忘れないでおくことでしょう。これまで考えたことがなかったけれど、いざ何かのきっかけでそれに手をつけてみたら、意外とそれにのめり込んだり、それが得意だとわかった、な

どということがあるかもしれません。良好な関係の中で対話を重ねることにより「盲点の私」はもちろんのこと、「秘密の私」や「未知の私」も少しずつ「オープンな私」へと変化していく可能性があります。

自己覚知　ジョハリの窓

自分を知る手がかり

開放の窓
私もあなたも知っている"私"
オープンな"私"

盲点の窓
私は気づいていない"私"
他者は知っている"私"

秘密の窓
私は知っている"私"
他者は知らない"私"

未知の窓
私も他人も知らない"私"
可能性もリスクもある"私"

check
　オープンな私を相手にしてもらうことで、コミュニケーションが良好に進みます。対等に話せる相手からは、自分では気づいていない私の良さをおしえてもらえることで自信をもつことにつながり、改善した方が良い言動についても、私のために伝えてもらえたりします。
　さらに、コミュニケーションが良好になることにより「実は…」と相談やうちあけ話を聞いてもらえる相手に進展することもあり、未知の私についても自分の中で気づきがあったり、可能性を発揮できるきっかけになったりします。

4 / アサーションとは 自分も相手も 大切にする対等な対話

　アサーションとは、たとえ価値観や状況、環境などが違う相手とも、対等な気持ちで対話をすることを意味します。対等とは、相手を尊重し、思いや考え方をしっかり聴き受けたうえで、自分の思いもしっかり伝えあう関係です。もし自分と意見が違ったり、同意できないことがあった場合にも、相手を敬い、不快な思いにさせないように、自分の考えを伝える技術です。

　自分の意見だけを強く主張してしまったら、相手とは良い関係にはなれません。これでは「攻撃型」になってしまいます。お互いが自己の主張ばかりしている場合は、折り合いもつかず良い関係を築くことはできません。また反対に、相手の言い分を聞き受けすぎて、本音では同意できていなくても、いつも我慢して相手の主張ばかり聞き受けていたら、これは「非主張型」のコミュニケーションで、いつかストレスで潰れてしまいます。お互いが相手の思いをしっかり聴きあい、伝えあえる関係づくりを目指したいですね。アサーションできる相手とは、きっと良い関係をつくり上げていくことができるでしょう。

　このように、しっかり相手の話を「きく」ことはとても重要ですが、実は簡単なことではありません。あなたは、しっかり相手の話をきくことができていますか。

「きく」には聞く、聴く、訊くの3つの違いがあると言われています。新聞の「聞」という字を使う「聞く」は、新聞や雑誌を読むのと同じように、たくさんある情報の中から重要なところだけに注目して情報を拾う聞き方のことを指します。新聞や雑誌を読む際、自分の関心のあるところから、または関心のあるところだけに注目して読んでいませんか。隅から隅まで読み尽くすと言う人は少ないのではないでしょうか。同様に、音に関してもたくさんある雑音も含む音という情報の中から、関心のあるところにだけ注目し、その情報を得る聞き方のときに「聞く」と言う漢字を使います。

　「聴く」は傾聴の聴です。しっかり人と関わる際に、その人の心に寄り添い、耳を傾け、能動的に聴くときの聴き方を指します。

　3つ目の「訊く」は、特定のあることに限定して、質問する場合の訊き方のことを指します。

　私たちは、無意識にこの3つの「きく」を取り入れながら、日常でコミュニケーションをとっています。それは、きき方としてそれぞれの目的に沿った行為といえるでしょう。

アサーションのイメージ

Aさん　Bさん

異なる考えをもった2人

歩み寄りの対話

共通の理解

共通理解の合意

新たなアイデア

対話で生まれた新たなアイデア

5 / 傾　聴
能動的に心を寄せて聴く

　「聴く」は傾聴の聴と前述しました。相手の心に寄り添い、しっかり耳を傾け、能動的に聴くときの聴き方を指します。「私はしっかり傾聴できています」と簡単に言う人がいますが、本当でしょうか。もちろん多くの人がその姿勢を持って傾聴できていると思いますが、時々勘違いをしている人もいるように感じます。「きいていますよ、きいていますよ」と言いながら、生返事をしたり、聞き手が関心のあるところだけぐいぐい突っ込んでみたり、時間をかけて付き合ってはいるけれど、ただ聞き流しているのであれば、それは傾聴ではありません。

　「話を聴いてほしい」と人が求める場合は、しっかり受けとめながら聴いてほしいという切なる思いがある場合がほとんどです。しかし軽い態度で聞き流されてしまったら、満足しないどころか、「この人は信用できない」とか「この人に話しても無駄」と思われてしまうことも少なくありません。あなたはしっかり聴くことができていますか。時々、自分の聴き方を振り返る時間をつくってみてはいかがでしょうか。

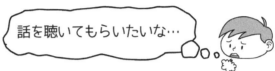

相手の語りに生返事で返す

話の「のっとり」

ただ、受け流しているだけ

6 受　容
受けとめる・きき受ける

　受容とは、その人の立場に立って、その人が今感じていることをそのまま受けとめることです。その人の話をしっかり聴き受け、思いをキャッチして「はい」や「うんうん」とうなずくなど「受けとめました」ということが相手に伝わるように聴く姿勢です。話し手は、ちゃんと聴いてくれたかどうか察知するもので、受けとめてくれたと感じて初めて安心感を持つものです。

　聞き流していたり、上の空で聞いていたりすると、肝心な伝えたかったことを理解してもらえなかったと感じた話し手は、逆に不信感や不安感を募らせてしまうかもしれません。

7 / 共　感
相手の立場になって感じる

　共感とは、自分がその人だったら、または、自分がこの人の立場だったらこんな場面でこんな気持ちになるんだろうななどとその人の思いを理解することです。

　また、共感は、同調や同情とは違います。その人の喜怒哀楽を理解しつつも、相手と同じ感情に飲み込まれてしまったら、それは同調で、場合によっては自分も一緒に溺れてしまったり、闇の中に迷い込んでしまうかもしれません。

　自分は自分の立ち位置から、話し手のことを理解する必要があります。一緒に溺れてしまわないように安全を確保した上で手を差し伸べるような場面を想像してみてください。対人援助職、例えば相談員などが燃え尽き症候群になってしまうことがあります。その原因の一つとして、同じ世界に取り込まれてしまい、うつ症状や不眠になることがあります。しっかり自分の立ち位置を自覚し、気持ちを切り替える必要があるでしょう。

　また、同情になってしまう場合は、あくまでも他人ごとという理解で、「上から目線」と言われる言動へとつながる場合があるので気をつける必要があります。

8 / きく態度と姿勢
見られています

　聞き手が真摯に自分に向き合ってくれているかどうか、話し手は気になるものです。

　通常、相談員などは派手な色などの服装はしません。その場や、その職業にふさわしい服装も大切な心がけの一つです。目立ちすぎることは気が散ったり、気持ちが逸れることにつながる可能性もあります。そして能動的に聞く姿勢を想像してみると、椅子にしっかり腰掛けて少し前かがみになり、話し手の目を同じ高さから見つめる姿勢が想像できます。「聴かせてください」という言葉が聞こえてきそうではありませんか。これが能動的に聴く姿勢です。

望ましくない姿勢としては、腕を組みふんぞり返っているような姿などが想像できませんか。また、まったく目を合わせずにキョロキョロしていたり、逆にジロジロと話し手を見るような態度をすると信用されません。ほかのことのついでのような「ながら聞き」も真剣に聞いてもらえていない印象を与えてしまいます。視線は同じ高さで、目線は対等であるのが理想です。

9 / きく時間
疲れない時間がお互いに大事

　人が集中して話を聞くことのできる時間は限られています。議題がたくさんある会議でも、長くなりすぎると集中力が途切れてしまうことがあります。例としてカウンセリングは、50～60分を1セッションとして組まれます。

　相談事の場合、30分では経過や背景の説明だけで過ぎてしまい時間が足りないと感じることが多いかもしれません。一般的に相談は、それら経緯などの説明を終えたあとに、本当に伝えたい思いを話せるという流れになることが多いでしょう。話したい出来事の起こった経緯や背景も聞かなければ、聞き手も話し手の今の状況を把握したり本当の気持ちを聴いたりするに至らず、相手の思いを理解するにも至りません。

　もし、メインの話題からどんどん話が逸れてしまうような場合は、「○○ということがあったんですね」「今、○○というお気持ちなのですね」など、話し手の話したい内容を要約しリフレーミングすることで、話し手も心の整理ができたり、次の流れに進むことができます。

　学生からの質問で、話がなかなか終わらない人の場合、切り上げるタイミングが難しい、どんなふうに声かけをしたら良いかわからない、というものがよくあります。しっかり傾聴しましょうと習い、いざ実習などにいったら、話を切り上げられなくて困った、という場面を熱心な学

生ほど経験します。

　前もって、話のできる時間は何時まで、またはどのくらいの時間（何十分など）と伝えておくことも、お互いに時間を意識できるため有効です。それでも長くなってしまいそうな場合、「○○さん、続きは次回に聞かせていただけますか」と伝えることも良いでしょう。次の約束があるとわかれば、まだ話し足りないと思っている人も安心するものです。

　また、なかなか本題に行かない場合は「ところで」や、肝心なところからそれてしまった場合は「先程のお話ですが」と合いの手を入れて話を本筋に戻すテクニックも必要です。

10 / きく場所
適切な場所を選ぶ

　プライバシーに配慮が必要な場合に、他人に話を聞かれてしまう可能性があるような場所ではなかなか本音や本題は話せないもので、落ち着きません。プライバシーが守られる個室を準備することが理想です。個室の準備ができない場合は、話し手が安心して話ができる場所を尋ね、その場所で話を聞くのも良い手でしょう。

　また、対面で向き合って話をするのが良いのか、横並びで座って話をするのが良いのかなど、話の内容によって変わってきます。大まかに3通りの座り方があります。机を挟んで向かい合う座り方、横並びに座る座り方、机の90度の位置にそれぞれが座る座り方です。関係性や話の内容によりますが、どんな座り方、言い換えると向き合い方が話の内容に合っているのか、そのような気遣いも必要でしょう。相手に尋ねてみても良いかもしれません。

　お互いが心地よく話ができる環境を整えることも必要でしょう。大きすぎるBGMや放送、他人の話し声などが入ってこないような静かな所の方が話しやすい場所と言えるでしょう。しかし、静かすぎても緊張する場合もあります。話し声ではない、耳障りにならないような静かなBGMを流すことが有効な場合もありますので、話し手に合わせて工夫をしてみましょう。

11 / 対　話
しっかり聴き、提案型で伝える

　対等な立場に立って、相手の考えをしっかり聞き、自分と解釈や価値観が違っていても否定することなく聞き受けた上で、自分の意思や意見、思いもしっかり伝え合うこと、それが対話です。たとえ相手と違う意見であっても、相手に不快や誤解を与えないような伝え方で自分の思いを伝えることが大切です。内心では本当はそう思ってはいないのに、その場しのぎに相手に同調することは、相手を尊重していることにはなりません。

　ここで「Iメッセージ」と言われている手法をとることをお勧めします。

　「『私は』こう思いますがどうでしょうか」「『私は』こうしたいと思うのですがどうでしょうか」などと、自分の意見を表した後に相手にそれについての打診を加える提案型だと、相手も一旦聞き入れて「私」の考えを検討してくれやすい流れとなります。

　こうして上下関係の有る無しにかかわらず、対等な意見交換のような形をとることができれば、お互いの意見からヒントを得てさらにお互いがもっと合意できるような新しいアイデアが出てくる可能性もあります。

対話は「キャッチボール」

12 / 対象別のアサーション

（1）友人

　親しい友人関係であれば、もっともアサーティブな関係であるでしょう。思い浮かべてみてください。親しい間柄であれば、たとえ相手と違った意見を持っていても、それほど遠慮することなく相手に思いや意見を伝えることができるのではないでしょうか。そして相手の意見にも耳を貸すことができているでしょう。こうした遠慮することなく正直に相手に思いを伝え、素直に相手の話をしっかり聴き受け、思いを受けとめることのできる関係をアサーティブな関係と言えます。

　こうしたやりとりを誰とでもできることがスムーズな人間関係、またはスムーズなコミュニケーションと言えるでしょう。

(2) 家族

　家族の場合、友人よりも遠慮がないだけに、自分の思いを伝えるところにより感情が乗っかってくる可能性があります。

　相手のことをよく理解できているだけにそれが有効に作用する場合もあれば、理解していることが自分の気持ちに悪い影響を与えている場合、つい言わなくてもいい言葉まで出てきてしまい衝突になることがあります。同じようなシチュエーションでも、仕事上の関係であればそこに感情が乗っかってくることなどはなく冷静に相手に思いを伝えることができるかもしれませんが、家族の場合はそうはいかないと言う経験は誰もが持っていると思います。

　「ありがとう」「すみません（ごめんなさい）」などの言葉を、言えるか言えないかと言う場面を想像してみてください。仕事上の関係であれば、その言葉がスムーズに出てきたとしても、家族に対しては、感謝などの思いがあるとしてもなかなかその思いを言葉にして伝えることができないということもあるのではないでしょうか。

　慣れ親しんだ家族であってもこうした一言を伝えることで、少しぎく
しゃくしていた関係が、魔法を使ったかのように良い関係に変化したり
するものです。こうした言葉を日ごろから伝え合える素直さを持ってい
たいものですね。

(3) 職場での人間関係

　人間関係で一番課題となるのは「職場」の人間関係ではないでしょうか。筆者は対人援助のコミュニケーション技術の科目を講義しているのですが、学生たちがコミュニケーションの中で課題と感じることを尋ねてみると、多くは支援対象者よりも実習先のスタッフとのコミュニケーションと答えます。職場の人材育成の現場でも、同じように支援対象者よりも職場の同僚や上司との人間関係についての相談が多くあります。筆者自身も医療や福祉の現場で支援の仕事をしてきましたが、同様に職場の人間関係がもっとも難しいと感じることが多々ありました。この悩みは社会生活を送っている多くの人々が経験していることだろうと想像できます。

　職場では、まず出勤した先に気持ちよく挨拶をし、一日のスタートを切ることをお勧めします。抱えている仕事の状況が頭を抱えるようなときでも、気分が少し重たいときでも、一日をどう始めるかによって、その自分の心がけで少なくとも前向きな雰囲気をつくることはできるものではないでしょうか。そして、業務に過剰に感情を持ち込みすぎないことも必要です。

　筆者がもう一つ心がけていることは、「ありがとうございます」をたくさん言葉にすることです。例えばエレベーターに乗ったときに誰かが閉じかけたドアを開けてくれたとします。日本人は「すみません」と言う言葉をいろいろな場面で使いますが、「すみません」という言葉は謝罪の意味もあります。「すみません」と言うよりも「ありがとう」と言った方が筆者自身は気持ちよく感じます。そして「ありがとう」と言われたときも同様に気持ちよく感じるものですから、おそらく相手も「ありがとう」と言われたらきっと不快な思いはせず、どちらかと言うと気持ちの良い時間になるのではないかと考えています。

　こうした「ありがとう」「お疲れ様」などの一言一言の声かけ、つまり感謝やねぎらいの声かけをできるだけたくさん言葉にすることが、職場の人間関係をスムーズにするきっかけになるのではないでしょうか。

　しかし、なんらかの理由があって今日は本当に朝から元気な挨拶をする気分ではないという人がいた場合、元気な返事を期待することはきっと重荷になるでしょう。そうしたときは考えすぎずにやり過ごすことも必要です。ただし、「なにかあったのかな？」「調子が悪いのかな？」と気にかけることが必要な場合もあるかもしれません。しかし、つられて必要以上に無口になる必要はないでしょう。

(4) 対象別コミュニケーションの基本

　次に、機能障害のある人とのコミュニケーションなど、対象別に説明していきます。しかし機能障害のある人とのコミュニケーションが特別なものだというわけではありません。基本は、しっかりその人に寄り添い「傾聴」し、しっかりその人の話を「聞き受ける」、そして声かけも含めた「行動」を起こしていくという姿勢に変わりはありません。

　機能障害別に説明していくのは、そのような背景を持った人々は、日ごろ社会生活を送る上で制約や阻害、抑圧を感じている経験が多いからです。しかし、機能障害を持たない人はわかっているつもりでも、残念ながら障害理解には限度があるのかもしれません。限られた世界だけで生活を送っていると、ほかの世界のことを知る機会がないことも多いでしょう。それにより、いざこれまで会ったことのない機能障害を持つ人や、生まれた地域が違い言語や容姿が違う人と出会ったとき、「え？」と戸惑うことが多かったりするものです。そしてなんらかの手伝いをしたいと思うような状況になった場合に、悪気はなくてもその本人にとってはとても侮辱的な言動や、差別的な言動をしてしまうこともあるのです。これを障害者差別解消法では、心理的なバリアから生ずる障壁と分類できるでしょう。

　冒頭で説明した通り、障害者差別解消法がこの国にはあります。よって、障害のあるなしにかかわらず誰もがその人らしく、生活の質を保ちながら社会生活をおくっていける社会づくりをしていく必要があります。そのためには機能障害のない人も、また自分の機能障害のことしか知らない人も、ひとりひとりがなんらかの違った社会的な障壁を感じている可能性があることを理解し、配慮する必要があるのです。ここで決して勘違いしてはならないことは、障害の特性を知ったからといって特別に

「障害者扱い」するような心の狭い人間にならないように心がけましょう。

　誰もが同じように平等な社会参加の機会を保てるよう環境を調整していくためには、社会参加の機会が平等な状況ではない人たちに対して、合理的な配慮を周りの人々が提供していく必要があります。その配慮は、周りの人が「きっとこうしたらいいだろう」とか「こうしたら手助けする側が便利」と、当事者の思いや意見も聞かず一方的に提供するものであってはなりません。必ず当事者の声に耳を傾け、手助けがほしいと言う要望が出たときに、それに対して配慮することを「合理的配慮」といいます。ただし、優しさを否定するものではありません。社会に対する優しい気持ちまで欠落してしまうと、逆に人間性が疑われるようなことになってしまうでしょう。その点については個々人が、自分自身の振る舞いについて身につけていくものです。

　どんな場面でも、「何かお手伝いしましょうか?」と目を合わせ、ときにはジェスチャーを加えながら声かけすることを基本として身につけてください。

　しかし、筆者自身もまだ理解できていないことがたくさんあると思います。この書籍を読んで、「自分は、こういうときはこうしてほしい」と感じた方は、是非、身近な人たちに、その声を伝えて頂けたら嬉しく思います。

①車椅子利用者

　筆者も全身の関節機能障害で、簡易電動車椅子を利用するようになって20年近くになります。これまで車椅子に乗っているということで様々な経験をしてきました。経験してきたことで、ここであえてお話し

するような内容と言えば、そのエピソードはどちらかというと、不快な経験の方が多く、それを言葉で表現するならば「仕打ち」と言っても過言ではないような場面が多々ありました。

　今でこそ自分自身もそのような経験に慣れてきました。しかし、車椅子利用者が不当な扱いに慣れることが解決策であってはなりません。身近に車椅子利用者を見聞きしたり、直接関わる機会が増えてきたことで社会が少しずつ変わり、かつてよりはスムーズに出かけることができるようになりました。しかし、「このような思いをするのなら車椅子ではもう出かけたくない」と思ったことも正直あります。そのような経験を持つ車椅子利用者はたくさんいるのではないでしょうか。

　時代のニーズに応えるために「車椅子体験」というプログラムも様々な場面で取り入れられるようになってきました。しかし、ここにも危険が潜んでいると筆者は感じます。車椅子生活を経験している当事者がその講師を担う場合は、その心配はあまりないのですが、社会生活の中で車椅子生活を経験したことのない人が講師をする場合、車椅子生活の「大変さ」や「辛さ」など、また車椅子利用の「危険」などを全面に出してしまうことがあり、そうした体験プログラムがそこで経験したマイナスの感情のまま止まってしまうと、車椅子に乗っている人は「大変でかわいそうな人たち」など、偏見を植え付ける教育になってしまう危険性があります。また介助のし易さを全面に出してしまう援助の教育も、本人抜きの理解となり、実際に援助をする場面で、本人にとっては不快な押し付けになってしまうこともあります。

　車椅子を利用する側も、手助けを必要とする場合に手を貸してもらえたら気持ちよく「ありがとうございます」と言いたいものです。しかし、不快な押し付けや逆に過剰すぎる手助けをされると、気持ちよくお礼も

言えない心持ちになります。そんなときの表情が相手に伝わると、「手助けしたのにお礼もない」など障害者全体を無礼な存在と勘違いしてしまうこともあるのです。これでは、負のスパイラルになるばかりです。

　また、車椅子にもいろいろな種類があることを知っておきましょう。大きく分けて自走で手で車輪を漕ぐ「手動」の車椅子と、手で漕ぐことができない場合に利用する「電動」車椅子です。筆者の場合、室内などの短い距離は自立歩行は可能なのですが長距離は歩行できず、併せて手指の関節機能障害と握力の低下があるため重いものは持てないので、必要な時は折りたたみのできる「簡易電動」の車椅子を利用しています。

　そして障害者であっても、介助者が常に必要な人とそうでない人がいることも知っておく必要があります。ほかの機能障害も同様ですが、車椅子＝「何もできない人」ではありません。自走の手動または電動車椅子で1人で出かけ、移動以外には支障のない人はたくさんいます。車椅子を利用している人たちが、様々な職場で働いているのは、すでにみなさんご承知の通りです。

　筆者の経験として、簡易電動車椅子を使っているところを見て「楽ができていいねえ」と声をかけられたことがあります。何かの列に並ぶ場面だったと思いますが、これはイヤミなのか、機能障害があることを理解していないのか、返答に困り苦笑いしてしまいました。また、いまでもよくあることで、再三のクレームをあげることにも疲れているのは、飛行機を利用するときです。目の前で空港のスタッフが「どこどこで載せ替えます」というのをよく耳にします。筆者自身としては自分の車椅子から空港の車椅子に乗り替えることは「乗り替え」なのですが、「載せ替え」では荷物ではないか？　と、とても不愉快な気分になります。そして飛行機へと進む際に空港の車椅子へ乗り替えるときに、「安全の

ため、シートベルトを締めさせていただきます」「お荷物をお持ちします」「足元失礼します」と一気にことが起こるときです。ひとつひとつ声かけをしてもらえれば、どれも自分でできることですが、いっせいに3名、4名が声掛けと同時にこのマニュアル通りだろう作業を始めると、答える間もなく、後ろから拘束され、貴重品の入ったバッグをひったくられ、動かせる足を掴まれる、非常に気持ちが悪い出来事です。この経験は1回限りで終わりにしてもらいたいものですが、できる限りそうされる前に「自分でできます」「結構です」と言うようにはしているものの、もう何年も幾度となくこの気持ちの悪い経験をしています。

　なぜなのでしょうか。まず思いつくことは、声かけをして「本人の意向を確認する」ということがマニュアルに入っていないまま、思い込みの研修が継続されているのだろうということです。理解や気づきのある職場研修や企業研修を行ってもらいたいものです。

②聴覚障害

　聴覚障害と言っても聞き取りにくさは人によって違います。生まれつきまったく聞こえない人もいれば、子どもの頃は聞こえていたがだんだんと聞こえにくくなったという人もいます。そしてまったく聞こえない人ばかりではなく、難聴で聞き取りづらいので補聴器や人工内耳などを使い、聞こえの補助を利用している人もいます。

　「手話は言語」とも言われるようになり、条例がある県などもあります。「手話が使えないから、私は聴覚障害の人とはコミュニケーションがとれない」と躊躇してしまう人もいます。しかし、手話以外にも様々な方法でコミュニケーションをとることができます。身振り手振り、つまりジェスチャーで言葉でも発しながら語りかけるだけでコミュニケーションが取れることもあります。ほかには、例えば耳の聞こえにかかわらず私たちが普段から行っているコミュニケーションとしては、ジェスチャーのほかに「筆記」という方法もあります。紙に書く方法もあれば、ボードに書く方法もあります。また、文字にして視覚情報で伝える「要約筆記」という方法もあります。海外の映画を見るときに、字幕があるのと同じように、広い会場でのイベントや入学式・卒業式などの式典で大画面に話している内容を文字で映し出すものですが、視覚情報として聴覚障害以外の人にもわかりやすい情報となります。聞き取りにくかったことを活字で見直すと、内容がより良くわかることがあります。

　耳での聞き取りが困難でも、発声で会話をする人もいます。聞こえが困難でも発声や発語ができないとは限りません。これは知っておく必要がありますね。また、最近では話した言葉を活字に変換してくれるソフトなどもあります。

　また、口の動きを読んで話した言葉を理解する口話を得意とする人も

いますので、会話をするときは、どんな方法でコミュニケーションをとるのが良いか、直接本人に尋ねるのが良いでしょう。口話の場合、ゆっくりと口の動きを見せながら話すようにします。ゆっくりと言っても、ゆっくりすぎる必要はありません。一文字ずつを長く表現しすぎると、接続語や句読点がおかしなスピードになってしまい、逆に理解しにくくなってしまいます。区切りを工夫するなどして、話し言葉が早口にならないように意識するくらいが良いかもしれません。

　話のキャッチボールは、一つずつ行うようにします。一度にいくつもの質問をしてしまうと、聞こえに関係なく私たちはどれから答えたら良いかわからなくなってしまいます。特に聴覚に障害のある人とコミュニケーションをとるときは、一つずつのキャッチボールを意識する必要があるでしょう。

　話しかけるときは、本人の前に立つなど、本人の視界に入る場所で「いま私が話しかけます」ということを相手に知ってもらってから、普段と同じ大きさの声で話し始めるようにしましょう。自分の存在に気づかれないまま話しかけても、会話ができません。後ろからワッと脅かすような身体の触れ方をしたり、腕などを引っ張る行為は、誰でもそうですが驚いてしまったり、不快な気分になったりするので気をつけましょう。

私は難聴のある友人と食事に行くときは、アプリを使うか、A4の紙と太めのマーカーを持っていきます。筆記の場合、基本的には顔を見ながらジェスチャーも交えて話をし、伝わりにくいことや重要なことを書いて伝えるようにしています。

会話の工夫

③視覚障害

　視覚に障害のある人と会話をするときの鉄則は、必ず自分の名前を名乗ってから話し始めることです。手や腕を強引に引っ張ることは厳禁です。

　白杖を使っている場合、介助が必要な人と介助は必要ではない人、または常時ではないですが介助が必要なことがある人もいます。介助をする場合は「どんなふうにお手伝いしたらよいですか？」と本人に聞きます。誘導する場合、私の友人の場合は、介助者に左側の前を歩き、肘のあたりの服を摑んでもらい歩きます。人によって、どちら側に立ってほしいかも異なりますし、摑むところも、肩や腕など人によって違います。本人に聞いてみるようにしましょう。また歩く速さもどのくらいが良いか、本人に聞くようにします。

筆者はかつて思い込みで失敗しそうになった経験があります。視覚障害の友人が旅行で遊びに来ると連絡をくれたときに「どこを案内したら良いだろう」ととても悩んだことがありました。水族館やお城などの観光地を案内しても、見えないから面白くないだろう、と思い込んでいたのです。これは明らかに筆者の一方的な思い込みによる偏見でした。

　いつもほかの友人たちに尋ねるように「どこに行きたい？」と尋ねてみると、「水族館、博物館巡りが趣味なんですよ」と言われ、一瞬ハッとして、とても恥ずかしい気持ちになりました。水族館や博物館は視覚情報から楽しむものだという視点しか持っていなかったからです。彼から「小さい頃少し見えてたんだよね。だから想像を巡らせながら、水族館や博物館に行くのがすごく楽しい」という話を聞き、想像力と心の豊かさを感じました。筆者はその視点が欠落していたと深く反省しました。

　また、視覚障害者が白杖を上にあげているときは「SOS」のサインを出しているときです。気づいた場合は、「どうされましたか？　なにかお手伝いしましょうか？」と、声をかけるよう心がけてください。

④精神障害

　精神障害の主な病気として、うつ病、統合失調症などがあります。人間は誰でもくよくよしたり、気分がすぐれずうつうつしたりすることがあります。現代社会はストレス社会と言われ、5人に1人がうつを経験しているという記事を目にしたこともあります。気分の波は誰にもあるものですが、落ち込んでしまう波が長期に続き治療を必要とする状態になるとうつ病と診断されます。統合失調症の主な症状は、幻覚、妄想、独語などとされます。どの病気も環境やストレスが大きく影響し、筆者が精神科病院のソーシャルワーカーをしているときに出会った患者さんたちはどなたもとても繊細な人たちだと感じました。これは私見ですが繊細だからこそ気遣いしすぎたり、気に留めることが多くありすぎてストレスが溜まってしまうのかもしれない、とよく思ったのです。

　精神障害と聞くと「怖い」と真っ先に口にする人が多くいます。しかしその「怖い」という感情は、知らないがゆえに出てくる言葉のように感じます。

　あたかも誰か話し相手がそこにいるかのように独語を話している人がいたとしても、差し障りのない状況であるならば遠くで見守るのがいいでしょう。ないものをあたかも見えるように訴える幻覚、幻聴に関しては、否定をしないことです。「私には見えていない（聞こえていない）けれどあなたにはそれが見えるんですね（聞こえるんですね）」などと受けとめることが必要です。そして筆者が患者さんと関わるときに心がけていたことは、患者さん自身が恐れや不安がある場合が多いため、「今は危険ではないと思いますよ」または「今は安心ですよ」「ここは安全ですよ、安心してください」などと言葉を添え、「ところで」と今ここで尋ねたい話題などを問いかけていました。ほとんどの場合、不安を訴え

てきた人たちは安心して次の話題に切り替えることができていたように思います。

　精神障害者であっても、病状が安定しているときは、いわゆる普通の生活を送って、私たちの周りにも自然と溶け込んで暮らしています。つまり、表面的に見てわかる障害ではないだけに、日常生活の中で関わっている人たちの中にも精神疾患を患っている人たちはたくさんいるということです。

　精神疾患や精神障害のことを特別だと思い込み、日常で関わったことがない人は、「精神疾患を持っています」と初対面で告白されると戸惑ってしまうのかもしれませんが、特別に恐れる必要はまったくありま

せん。必要以上、つまり過剰な配慮は、特に心が繊細な人は嫌います。やはりこの場合も「何かお手伝いは必要ですか」「お手伝いしましょうか」と尋ねてみるのが良いでしょう。精神疾患は波のある病気です。体調の悪くなる波が来ているときは、その症状が大きく出やすくなります。それは病状のせいであって、治療などがうまくいけば、またいつもの自分に戻ることができます。そのことを周囲の人たちが理解することが一番、ご本人の安心につながります。

　いま、ここは「安心」「安全」であることを、回りくどくなく伝えるとコミュニケーションもスムーズに進んでいくでしょう。言葉だけでなく、表情や声のトーン、大きさに気を配り、ゆったりとした雰囲気でコミュニケーションをとれるように心がけてみてください。

⑤発達障害

　発達障害と一言で言ってみても、実際に診断を受けている人と、その傾向があっても診断は受けていない人がいます。「発達障害の傾向がある」と言われていてもなんとか社会に適応しながら生きている人、周りがそう思っていてもそれを自覚や自認していない人も社会の中で多く暮らしています。

　「昔は発達障害なんてなかったよね」と言うセリフを耳にしたことはありませんか。昔も、生きづらさを感じていながら、その生きづらさを周りに理解されない人たちは多くいたのだと思います。

　発達障害に関する支援法は2005年に施行されました。つまり機能障害に関する法律の中でも新しい法律です。よって、発達障害についてあまりよくわからないという人たちもたくさんいるでしょう。支援法が活用されているのは主に幼児や就学している児童生徒などへの支援が中心で、就労の現場でもやっと周知が進み始めた段階であるため、社会の中でもまだ理解が浸透しているとは言えないのが現状です。

　発達障害には、自閉スペクトラム症、アスペルガー症候群、注意欠如多動症、学習障害などがあります。この障害との付き合い方として、こだわりの強い人には、そのこだわりを強く否定しないこと、多動の傾向のある人には、本人にとって落ち着ける環境を配慮すること、などが挙げられます。いずれの場合も、本人にとって情報を整理しやすいよう、簡潔な言葉で1つずつ伝え、わかりにくい表現は使わないコミュニケーションが基本とされます。

　どんな人にも、自分の解釈と相手の解釈が違うということはあると思います。そこで話の行き違いが起こらないために、簡潔で適切な表現で、双方の理解が共通であるかどうかを確認しながらコミュニケーションを

とっていくのが、お互いの安心につながるでしょう。

　何か一緒に作業を行う場合には、どのような伝え方をするのが良いのか、何をお願いしたら良いのか、本人に直接尋ねてみるのが良いでしょう。そして、自分にはこんなことを伝えてほしいなどの要望も、前もって話し合っておく、つまりお互いの間でルールをつくっておくと安心につながることもあるかもしれません。

⑥認知症

　超高齢社会の日本では今、高齢者人口が増え続ける中で認知症の方々もさらに増加することが予想されています。また高齢者に限らず、若年性認知症という病気もあります。

　認知症の症状として、記憶障害があります。記憶障害はあるが、昔の記憶については覚えていて何度も繰り返し同じ話をするということを聞いたことがありませんか。これも認知症の症状のひとつです。また妄想が症状として出てくることもあります。被害妄想や物盗られ妄想などで周囲が困惑するようになり、理解されないことにイラついてしまうために行動が粗暴になったり、自傷行為や暴力行為につながることもあります。しかしこれは、本人の性格が変わってしまったのではなく、病状がそうさせてしまっているのです。

筆者が精神科病院に勤務していた頃、ご本人がそのような状況になると家庭では看ることが難しくなり、家族から入院を希望する受診相談が多くありました。認知症の妄想については、統合失調症の妄想への対応と少し違い、支障のない範囲でその妄想に合わせた対応をするとご本人が落ち着く、ということもあります。

　学生が施設に実習に行った際など、「財布をとられた」というような物盗られ妄想の加害者にされてしまった、ということがよくあります。そのような場合は、感情的に否定するのではなく、「お財布ですか？　最後に見たときはどこに置いてありましたか？　一緒に探しましょう」などと落ち着いて優しく声をかけてみるのが有効だと言われています。

次々とあれがない、これがないなどと不穏になっているようなときには、ひとつひとつの言葉に振り回されるのではなく、ある程度のストーリーを聞き受けたあとに、「ところで」「○○の話なんですがね」などとあえてその心配事とは違う話題を声かけしてみると、妄想の世界から離れて、「今」の状況に戻って会話ができることもあります。自分自身が落ち着いた、ゆったりした気持ちで、安心感を与えられるような雰囲気をつくり、否定をせずにそこにいるだけで、被害的な感情が落ち着くこともあります。

⑦子ども

　子どもも1人の人として尊重することが必要です。親の附属物または大人の支配物などと勘違いしてしまったときに誤った行動の結果として起こってしまうのが虐待です。

　虐待には種類が5つあるといわれています。体罰などによる「身体的虐待」、近年もっとも割合が高くなっている言葉の暴力や無視などによる「心理的虐待」、食事など日常の世話、教育や介助が必要なのにそれを放棄する「ネグレクト」、性的な嫌がらせを行う「性的虐待」、子どもの手当金などを大人や別の者が搾取してしまう「金銭的虐待」などがそれにあたります。金銭的虐待は、高齢者に対して多く起こり得る虐待でもあります。

　最近、自己肯定感の低い子どもが増えてきたとよく話題になります。その原因としては、常に誰かと比較されたり、他者と関わる機会が減り「褒められる」経験が無かったりすると、自分はダメな人間だなどと思い込んでしまい、自分をポジティブに認めることができなくなってしまうと言われています。また、他者から日常生活で必要なスキルを教えられる経験が少ないと、「できる」という経験も当然少ないということになってしまいます。そして、褒められた経験のない親に育てられた場合には、その親は褒め方を知らないので、子どもや誰かを褒めたり認めたりするスキルが身についていない、とも言われており負の連鎖が起こります。

　子どもが健やかに育つ中で、家庭は最初の「社会」とされています。「健やかに」とはどういうことでしょうか。真っ先に浮かぶのは、子どもは子どもらしくという姿です。これを詳しく説明しているのが国連の「子どもの権利条約」です。日本の児童福祉法は、この子どもの権利条

約を参考につくられています。

　子どもが子どもらしく過ごすためには、感じたことや思いをそのまま言葉にし、大人はその思いをまっすぐに受けとめることからでしょう。そのため、子どもとのコミュニケーションでは、いわゆる「気持ち言葉（感情表す言葉）」を大事にすることで良好なコミュニケーションをとれます。

　例えば、突然転んで「痛いよー」と泣き出してしまった場合、「痛いねぇ」と子どものそのときの気持ちを「しっかり受け取ったよ」「理解したよ」という意味で、その気持ちを言葉として伝えることです。受けとめてもらえたことで子どもは安心します。もちろん叱られたくはないし、否定もされたくないでしょう。そしてその痛い瞬間に何かアドバイスがほしいわけでもありません。

　また子どもは多くのことに興味を示します。「今は○○する時間、これが終わったら次に□□をしようね」、「○○時になったらそれをしようね」などと先を示すことでスムーズにことが進むことがあります。子どもを尊重するには、子どもに意思決定を促すことも必要です。その際に選択肢がたくさんありすぎると迷って決められないことがあります。また条件付けの意思決定を促してしまうと、その後も本当に必要なことを考えた選択ではなく、条件によって本心ではないことを選択するということが身に付いてしまうこともあるかもしれませんので気をつけましょう。

受けとめる大人

聞き流す大人

⑧高齢者

　高齢になると認知症になったわけではないのですが、昔の話を繰り返し繰り返し話すということがあります。繰り返し話す話題は、強く思い出に残っている楽しかったことであったり、逆にうまくいかなくて悔しい思いをしたことなど様々です。感情が一番高ぶった時代のこと（仕事に打ち込んだ頃のこと、大恋愛をした頃のこと、など）は加齢により物忘れが進み始めても、強く思い出として残っている、とも言われます。心の躍るような出来事は、何年の時を経てもその人の心の中に強く記憶されている大切な思い出になるのでしょう。

　悔やんでいる記憶についても、何度も何度も口にすることがあります。しかし、口にすることによって話を整理し、気持ちを整理していく過程でもあるとも言われています。また、当時は言えなかったことが、時を経た今だからこそ、心の中で整理をした上で口に出せる、ということもあるようです。そうした記憶の再生には、「そうだったんだね」「そうなんだね」と合いの手だけを入れながら話を聞くことで、気持ちが落ち着きます。親子喧嘩をした出来事も、その当時はお互いの主張がぶつかりあって話がもつれたままであったとしても、時がたった今、「そんなふうに思ってたんだね」「そうだったね」などと合いの手を入れながら聞いてくれる聞き手がいたら、気持ちが整理できるのだとも言われています。昔から『おばあちゃんの知恵袋』と言われるように、人生の先輩たちは、これまでの人生の歴史やその時の文化の中で、様々な経験をし、そしていろいろな工夫を凝らしながら生きてきました。そして現在の私たちが暮らす社会を築きあげてくださった大先輩です。たくさんの知恵を伝授してくださったことに感謝の気持ちを忘れてはいけませんね。

　筆者も、若い頃はぶつかり合っていた母との会話を、最近はそのよう

な静かな気持ちで聞けるようになりました。すると、当時はその話になるたびにぎくしゃくしていた会話も、なにげなく丸く収まるようになったと感じることがあります。と言っても、特に意識して努力したわけではありませんが。お互いがその年齢なりの発達・成長をしたのだと、筆者自身も受け入れられるようになりました。

　また、親にとって、子どもはいくつになっても子どもなのです。小さな子どもの頃に好きだったことや、好きだったものを、親はいくつになっても覚えていて与えてくれようとしたりします。そして、子どもとしていつまでも気遣って大切にしてくれることもあります。「もう子どもじゃないんだから」という場面もあるでしょうが、「覚えてくれてたんだね」と嬉しく思うこともあるでしょう。

13 / 多文化交流
積極的な関心と受容

　生まれた国が違うと、言語、文化、食生活など様々な違いがあり、そこに触れることは、楽しみでもありまた不安でもある、相手にとってもそれは同様でしょう。

　作法をひとつとってみても、教えてもらわないとわからないこともあります。日本ではそれが当たり前のことであっても、違う国の人にとっては理解しがたいこと、ということも多々あるでしょう。

　現代の日本は人口減少、特に労働人口の減少などにより、移民を受け入れる法律も緩和され、職場やお店で働く店員さんなど、日常生活においても外国からきて日本で暮らす外国人の方たちと接する機会が増えつつあります。

　筆者は二十数年近く前にオーストラリアに友人がおり、たびたび長期滞在する機会があったのですが、その際に多くのことを学びました。オーストラリア人で日本にとても興味のある友人や知人は、筆者よりも日本のことに深く関心があったり、とても詳しく、日本人として様々な質問に答えられない自分自身をとても恥ずかしいと思った経験があります。「日本食はヘルシーでとても健康に良いから料理の仕方を教えてほしい」「日本古来の高床式住宅の発想は素晴らしい」「日本人は逆境のときも忍耐強い」などと言われたとき、私はどれだけ日本の文化や歴史を

知っているのだろうか、海外から見た日本人の振る舞いはどんなふうに捉えられるのだろうか、など深く考えさせられたものです。日本のことを知らなすぎる、と海外に出てみて初めて気づかされました。この経験は、サイパンに行っていた頃にも、東南アジアの友人たちからも、生活の中で同様の学びを得ました。

　それから、海外に出るとき、あるいは海外の知人や友人と話すときには、筆者自身の関心や知りたいという思いを「素直」に、オープンに伝えることができるようになった気がします。

　国や地域が違えば食文化や建物のつくり、祭やそのほかのイベントなども知らないことだらけです。違いがあって当然なのですから、否定するのではなく「知ろう」「知りたい」だから教えてほしい、と伝えてみるのが良いでしょう。お互いがそうした思いで歩み寄れば、旅行だけでなく、日常生活の中でも理解が深まり良好な人間関係がつくられていくのだと思います。

14 / 災害時
みんなで命を守り合う

　昨今の日本では、3.11東日本大震災以降、特に防災意識が高まってきました。未曾有の大災害を引き起こした地震と津波、二次災害である原発事故による放射能災害は、今を生きる私たちにとっては、阪神淡路大震災に続く恐ろしい経験となりました。その後も熊本に続き、各地で震度や範囲は違うものの地震が頻発し、最近では線状降水帯による突然の大雨やそのほかの水害なども頻発しています。

　これまで、避難訓練というと「火災」を想定した訓練が主流でした。最近では、地域によって「津波」を想定した訓練も加わってきています。海に面した地域では、津波ハザードマップや海抜を表す表示と津波が発生した際の避難場所や避難所への距離が示された看板などが設置されるようになってきました。

　このような防災対策は、果たして障害者や高齢者、子どもなども被災者として想定されたものになっているのでしょうか。災害時も命は「平等」に扱われなければなりません。福祉避難所については議論が重ねられ、法律の中にも組み込まれるようになってきました。

　筆者の研究グループでは、避難ビルとなっている企業にも協力をいただきながら「津波避難ビル」での実際の避難体験や、「津波避難場所」や「津波避難所」への移動の実験を車椅子メンバーや、障害のある児童

などとともに行い、いろいろな課題に気づくことができました。

　まず、数カ所の避難ビルへの聞き取りから、避難ビルはあくまでも一時的な避難の場所であるため、訓練の経験はないとの回答が複数あり、全国でも大多数が同じ回答なのではないかと感じました。屋上に避難する場合、屋上への階段は狭かったり、はしごである場合が多いのではないでしょうか。車椅子利用者等の障害者や足腰の弱い高齢者、また小さな子どもたちはかなり大きなバリアになるということに気づきました。避難所への移動についても、地域によって看板の表記がまったく違っていることにも気づきました。避難所までの距離のみ書いてある看板では、どこが避難所なのかわかりません。また避難所の名称が書かれていても、方向がわからないというものもありました。

　各自治体でいろいろな工夫がされ、防災対策はまさに現在進行形の状態であることは理解できますが、様々なマイノリティーも、その土地への旅行者もそれらの看板などを頼りに避難する被災者であるという視点がしっかり含まれている必要があります。表記に関しては、日本語以外の表記も欠かせない時代となっています。

　ハード面を充実させるには資金も必要となり時間がかかることは否めません。そのため、こうした災害時などには、「声かけ」と言う行為はもっとも大切なものとなってきます。

　平常時と違う事態に、どんな人が何を必要とするのか、どんな人がどんなことを不便と思うのか、いろいろな立場の当事者を交えながら事前に対策をとっておくことが重要です。その際、こうした方が良いだろうと思うことがあったとしても、誰かにとっては必ずしもそれが良い方法とは限りません。災害弱者を生み出さないためにも、想定としての災害弱者とされる当事者の声を丁寧に聞き集めそれを対策の中に反映してい

くことが重要でしょう。

　また平常時でも、たまたま道を歩いているときに倒れている人を見かけた場合など、「大丈夫ですか」と声をかけることが多いと思いますが、日本人には「控えめ」や「奥ゆかしい」という文化があったり、また人間は反射的に「大丈夫です」と答えてしまう傾向があると聞いたことがあります。そのような場合、例えば「痛いところはありませんか」や「どこが痛いですか」など具体的な声かけを加えると、「足が……」あるいは「頭が……」など相手も具体的な返答をしやすくなります。心配な場面では、声かけをする方も控えすぎずに、相手が答えやすいような、もう一言を加えてみましょう。

15 / 対人援助
寄り添う姿勢

　誰かを援助する場合の原則は、当事者の声に耳を傾けることです。

　ここまでの章で、対象者別または場面別のコミュニケーションについて、事例を交えながらご紹介してきました。対人援助の場面では特に「こうしたらいいだろう」というこちら側の一方的な思い込みによる援助は、相手が望んでいないものであったり、ときには迷惑な場合もあるということを忘れてはなりません。

　「当事者主体」「主体性の尊重」という言葉が、福祉の現場ではもっとも必要な考え方として教科書の中に書かれてあったり、支援者同士の会話の中によく登場してきます。しかし、当事者（ニーズを持つ本人）の思いは聞かずに、支援者側が「よかろう」と思うことを一方的に提示したり、提示することもなく行動に移してしまったりすることも少なくありません。ニーズを持つ本人の声をしっかりと聴き受け、それに対して解決方法を一緒に考えていくことが必須です。

　当事者に寄り添い、「しっかり耳を傾け」傾聴する、その言葉通りの行動を常に意識していくことが支援者の基本姿勢と言えるでしょう。

16 / 多様性ある
共生社会に向けて

　差別解消法や、ヘイトスピーチ解消法等ができた昨今ですが、改めて考えてみると、誰ひとり取り残さない、そして誰もがお互いを認め尊重しあい、支え合う理想の社会をつくっていくために大切なこととは何でしょうか。

　相手が障害者であろうが、外国人であろうが、子どもであろうが、同じ目線に立って「どうしましたか？　何かお手伝いしましょうか？」と声をかけ合うこと、それが共生社会の第一歩なのではないでしょうか。

　繰り返しになりますが、こうしたほうがいい、ああするといい、などと他人に助言や良かれと思ったお節介をする前に、本人がどうしたいか、それを聞くことです。当事者の意見を聞いた上で、それを聞き受け、自分の力量で可能なことはサポートをし、ちょっと力量オーバーだなぁと思うことは、代案を考えて提案してみる、そうした気遣いのある世の中になること、それが共生社会なのではないでしょうか。

　十人十色、千差万別、ひとりひとりがいろいろな思いを持ち、また個性を持ち、ときには悩みを抱えながら生きているものです。よく他人の話を聞いてみると「辛いのは自分だけじゃなかったんだなぁ」とか「自分よりも苦しい思いをしている人がいるんだなぁと気がついた」と言うようなことを聞いたことがありませんか。社会はそんな様々な思いを

持った人々が暮らし、どこかで支えあいながら生きているものなのです。もしかしたら、気づかないところで誰かを傷つけていることがあったかもしれませんが、逆に気づかないところで誰かの支えになっていたということもたくさんあるのかもしれません。世の中は捨てたものじゃないと思いたいものです。

　最後になりますが、何か気がかりな人を見かけたとき、勇気を出して声をかけてみましょう。「何かお手伝いしましょうか」その一言から社会は大きく変わっていくのです。

プロフィール

著　小林学美（Manami Kobayashi）
琉球大学大学院人間科学研究科修了（社会学修士・精神保健福祉士）
琉球大学の他、沖縄県内大学・専門学校の非常勤講師。専門は「社会保障」、「コミュニケーション技術」。
旅行会社で 5 年勤務。その後、東京・神奈川・Saipan（USA）にてメンタルケア業務、沖縄県の精神科病院にて相談業務に就く。現在は講師の傍らスクールソーシャルワーカーのスーパーバイザー及びインクルーシブ研修団体「DET 沖縄」の代表。

絵　石川貴幸（Takayuki Ishikawa）
作業療法士、「DET 沖縄」発足メンバーで認定サポーター。

共生社会のアサーション入門
——差別を生まないためのコミュニケーション技術

2023 年 4 月 20 日　初版第 1 刷発行
2023 年 7 月 10 日　初版第 2 刷発行

著　　　小　林　学　美
絵　　　石　川　貴　幸
発行者　大　江　道　雅
発行所　株式会社　明石書店
　　　　〒 101-0021　東京都千代田区外神田 6-9-5
　　　　電　話　　03-5818-1171
　　　　FAX　　　03-5818-1174
　　　　https://www.akashi.co.jp
　　　　振　替　　00100-7-24505

組版・装丁：明石書店デザイン室
印刷・製本：モリモト印刷株式会社

（定価はカバーに表示してあります）　　　　　　　　ISBN978-4-7503-5583-2